Observemos el tiempo

Truenos y relámpagos

Cassie Mayer

Heinemann Library
Chicago, Illinois

Photo research by Tracy Cummins, Tracey Engel, and Ruth Blair
Designed by Jo Hinton-Malivoire
Translated into Spanish and produced by DoubleO Publishing Services
Printed and bound in China by South China Printing Company

10 09 08 07 06
10 9 8 7 6 5 4 3 2 1

Library of Congress Cataloging-in-Publication Data
Mayer, Cassie.
  [Thunder and lightning. Spanish]
  Truenos y relámpagos / Cassie Mayer.
     p. cm. -- (Observemos el tiempo)
  Includes index.
  ISBN 1-4034-8654-9 (hb - library binding) -- ISBN 1-4034-8662-X (pb)
  1. Thunder--Juvenile literature. 2. Lightning--Juvenile literature. I. Title.
  QC968.2.M3918 2007
  551.55'4--dc22
                              2006028244

Acknowledgments
The author and publisher are grateful to the following for permission to reproduce copyright material:
Corbis pp. **4** (cloud; sunshine, G. Schuster/zefa; rain, Anthony Redpath), **7** (Bill Ross), **8** (Jim Reed), **14** (A & J Verkaik), **16** (Layne Kennedy), **19** (Craig Aurness), **20** (John Lund); Getty Images pp. **4** (snow, Marc Wilson Photography), **5**, **6** (Vince Streano), **9** (Joe Drivas), **10** (Jim Reed), **11** (Eddie Soloway), **12** (Chad Ehlers), **13** (Kenneth Garrett), **15** (David R. Frazier), **17** (Richard Kaylin), **18**, **21** (Michael K. Nichols), **23** (lightning, Vince Streano; thunder cloud, Jim Reed).

Cover photograph reproduced with permission of Corbis (Aaron Horowitz).
Back cover photograph reproduced with permission of Getty Images.

Every effort has been made to contact copyright holders of any material reproduced in this book.
Any omissions will be rectified in subsequent printings if notice is given to the publisher.

Contenido

¿Qué es el tiempo?

El tiempo es cómo se siente el aire afuera.
El tiempo puede cambiar a cada rato.

El tiempo puede traer truenos.
El tiempo puede traer relámpagos.

¿Qué es un relámpago?

Un relámpago es un rayo de luz en el cielo.

Los relámpagos vienen de las nubes.

Un relámpago puede alcanzar la tierra.

Un relámpago puede alcanzar el agua.

¿Qué es un trueno?

Un trueno es el sonido de un relámpago.

No puedes ver los truenos.

Puedes oír los truenos.

Suena fuerte cuando hay relámpagos cerca.

Puede haber relámpagos cuando hace calor.

Puede haber relámpagos cuando llueve.

Tipos de relámpagos

Algunos relámpagos se quedan en las nubes.

Algunos relámpagos alcanzan el suelo.

Algunos relámpagos alcanzan sólo un sitio.

Algunos relámpagos alcanzan muchos sitios
a la vez.

Seguridad

Los relámpagos pueden ser peligrosos.

No salgas si hay relámpagos.

Los truenos y relámpagos pueden
empezar rápidamente.

Los truenos y relámpagos nos enseñan
lo poderoso que es el tiempo.

Qué hacer durante una tormenta

Si estás adentro:
- Aléjate de los fregaderos.
- Aléjate de las bañeras.
- No uses el teléfono.
- Aléjate de las ventanas.

Si estás afuera:
- Ve a una zona de tierras bajas. Después agáchate e inclínate hacia adelante.
- Aléjate de los árboles.
- Aléjate de los objetos metálicos.
- Aléjate del agua.
- Intenta buscar un sitio seguro.

Glosario ilustrado

relámpago un rayo de luz en el cielo. Los relámpagos vienen de las nubes.

trueno el sonido que hace un relámpago. Puedes oír el trueno después de ver el relámpago.

Índice

Nota a padres y maestros

Esta serie presenta el concepto del tiempo y su importancia en nuestras vidas. Comente con los niños las diferencias en el tiempo que ya conocen y señale cómo el tiempo cambia con las estaciones.

En este libro, los niños investigan los truenos y relampágos. Se incluyeron fotografías para despertar el interés de los niños por el poderoso impacto de este tipo de tiempo y a la vez reforzar los conceptos presentados en el libro. El texto fue elegido con la ayuda de una experta en lecto-escritura, de modo que los lectores principiantes puedan leer con éxito tanto de forma independiente como con cierta ayuda. Se consultó a un experto en meteorología para que el contenido fuera acertado. Puede apoyar las destrezas de lecto-escritura para no ficción de los niños ayudándolos a usar la tabla de contenido, los encabezados, el glosario ilustrado y el índice.